FrauenGottesDienste

FRAUEN GOTTES DIENSTE

Modelle
und
Materialien

Thema:
Wege zum Licht – Weihnachtsfestkreis

Herausgegeben von
Anneliese Knippenkötter/
Marie-Luise Langwald

Unter Mitarbeit von
Isolde Niehüser und
Christel Voß-Goldstein

KlensVerlag/Schwabenverlag

Die Deutsche Bibliothek – CIP-Einheitsaufnahme

Frauengottesdienste : Modelle und Materialien / hrsg. von Anneliese Knippenkötter/Marie-Luise Langwald. – Düsseldorf : Klens-Verl.; Ostfildern : Schwabenverl.

11. Thema: Wege zum Licht – Weihnachtsfestkreis / unter Mitarb. von Isolde Niehüser und Christel Voß-Goldstein. – 2001
ISBN 3-87309-187-9
ISBN 3-7966-1030-7

Umschlaggestaltung: Andrea Kuckelkorn, Düsseldorf
Satz: Schwabenverlag mediagmbh, Ostfildern
Druck: Süddeutsche Verlagsgesellschaft mbH, Ulm
Printed in Germany

ISBN 3-7966-1030-7 (Schwabenverlag)
ISBN 3-87309-187-9 (KlensVerlag)

Inhalt

Thema: Wege zum Licht – Weihnachtsfestkreis

Werkstatt Gottesdienst

Lieder

Stichwort Liturgie

Kurz vorgestellt

THEMA
WEGE ZUM LICHT – WEIHNACHTSFESTKREIS

Hinführung

Stern von Betlehem – Licht für die Welt

Wo sind die Wege zum Licht? Brauchen wir sie überhaupt? In den Wintermonaten sind die Abende schon früh dunkel, die Nächte lang und finster. Dunkelheit – Wege zum Licht – wie erleben wir sie in unseren Städten und Dörfern? Die Straßenlaternen werfen ein warmes Licht auf unsere Wege, die Schaufenster strahlen die Waren an und verlocken zum Kauf, Lichterketten schmücken die Plätze. Kommt da Sehnsucht nach den Wegen zum Licht auf? Das Titelbild zeigt Dunkelheit in der Tiefe, zeigt den hell leuchtenden Stern und seine Strahlen, die gleichsam Wege sind – Wege zum Zentrum des Lichtes. Die Dunkelheit ist aber nicht nur ein Bild für eine bestimmte Jahreszeit, sondern insbesondere ein Bild für die Sehnsucht der Menschen nach Licht, nach Wegweisung, nach Wärme und Geborgenheit – vielleicht auch nach dem Stern von Betlehem.

Edith Stein, die Heilige unserer Zeit, sagte einmal: »Der Stern von Betlehem ist ein Stern in dunkler Nacht – auch heute noch.« Das Wort lädt uns ein, in den Tagen vor Weihnachten und danach die Dunkelheit – die Nacht – nicht nur von Betlehem zu sehen, sondern die Dunkelheit der Welt. Es ist ein ermutigendes Wort, ein Wort, das Hoffnung schenkt. Mag die Zeit, mag die Nacht noch so finster sein – sie bleibt es nicht: Es gibt ein Licht. Ein Stern leuchtet.

Der Stern von Betlehem ist ein Stern für die Welt – Licht für die Welt.

Der Stern von Betlehem leuchtet für alle Menschen.

Der Stern von Betlehem ist ein Zeichen – Zeichen für das Heil, das durch die Menschwerdung Gottes in die Welt kam. Auch heute noch!

Die Besinnung auf das Geheimnis der Erlösung ist der Inhalt vieler Gebete und Lieder in der weihnachtlichen Zeit. In den biblischen

Lesungen wird an die Sehnsucht des Volkes Israel, an die Hoffnung auf den verheißenen Messias erinnert. Unser Unterwegssein in diesen Wochen ist aber mehr als nur ein Gedächtnis, mehr als Erinnerung. Unsere Gebete und Gottesdienste greifen unsere Erwartungen und Hoffnungen auf Erlösung, auf Gerechtigkeit und Befreiung, auf die Begegnung mit dem Heil auf. Warten auf Weihnachten meint ja nicht nur die Erwartung eines Festes einmal im Jahr. Warten auf Weihnachten meint auch: Warten auf das Reich Gottes, das seinen Anfang genommen hat, um das wir dennoch in jedem Vaterunser bitten, dass es kommen möge. Wenn wir so auf die weihnachtliche Festzeit Jahr für Jahr zugehen, gehören neben all den Vorbereitungen, durch die das Fest zum Fest wird, Gebet und Gottesdienst, Besinnung und Meditation gleichsam als Orientierungspunkte auf unserem Weg dazu.

Das Gebet, der Dialog zwischen Gott und Mensch;

der Gottesdienst in seinen vielfältigen Formen als feiernde Gemeinschaft;

die Besinnung auf meinen Weg mit anderen Menschen in meiner Welt;

die Meditation eines Wortes, eines Bildes, eines Liedes auf mein Leben hin;

das sind gleichsam die Rastplätze im Unterwegssein, damit wir das Ziel unseres Weges, den eigentlichen Grund unseres Aufbruchs, nicht verfehlen.

Gott wurde Mensch. Wir wissen um die Armut seiner Geburt und wissen um die Armut der Menschen in unserer Welt. Viele Kinder werden an diesem Festtag nicht einmal satt. Auch das muss uns bewusst werden, wenn unser Weg zur Weihnacht zum Ziel führen soll. Das setzt voraus, dass wir aufbrechen aus unseren Gewohnheiten. Aufbruch meint, sich lösen von den Fesseln der Alltäglichkeiten oder des Mitmachenmüssens; sich befreien von den Hindernissen, die den Weg zur Christnacht verstellen.

Wir sind eingeladen zum Fest. In einer Einladung aus Lateinamerika heißt es:

»Kommt, ihr Leute,
kommt zu diesem Fest mit dem Herrn.
Denn heute treffen wir ihn selbst, unseren Herrn.
Heute werden wir von Neuem unser Leben hingeben
für das Reich Gottes.
Niemand soll hungrig weggehen.
Kommt, lasst uns gemeinsam das Fest des Lebens
feiern zusammen mit unserem Herrn.«

Anneliese Knippenkötter

Gottesdienste

Wir warten auf dein Kommen

ADVENTLICHER GOTTESDIENST

Instrumentalmusik

Zum Beispiel ein adventlicher Choral wie »Wachet auf, ruft uns die Stimme«.

Begrüßung und Einführung

Leitung: Gott ist in unserer Mitte.
Alle: Denn in seinem Namen sind wir versammelt.
Leitung: Wir warten im Advent als hoffende Menschen auf das Kommen des Immanuel, des »Gott mit uns«.
Einst kam Er ohnmächtig,
jetzt ist Er verborgen hier,
und einmal wird Er herrlich kommen.

Meditation

(Die Abschnitte werden abwechselnd von zwei Sprecherinnen vorgetragen.)

Advent – Zeit des Wartens
Vieles, was wir uns wünschen, hat sich nicht erfüllt.
Viele unserer Mühen und Sorgen waren anscheinend vergeblich.
Und doch hoffen wir: Gott kommt in diese Welt.

– Stille nach jedem Absatz –

Advent – Zeit der Hoffnung
Wir sehen das himmelschreiende Unrecht auf der Erde.

Wir sehen täglich in den Medien die Menschen, die unter katastrophalen Bedingungen leben müssen.
Und doch glauben wir: Nach Gottes Willen soll alles anders werden.

Advent – Zeit der Vorfreude
Wir lassen uns nicht lähmen von Enttäuschungen, von zerbrochenen Lebensplänen, von Ängsten, Zweifel und Sorgen.
Wir glauben – trotz allem – Gott will uns Freude schenken und sich mit uns freuen.

Advent – Gott kommt trotzdem
Was dagegen spricht, hat nicht das letzte Wort – so wahr Jesus lebt.

Advent sagt uns:
Wir dürfen warten.
Unser Warten, Glauben und Hoffen hat Sinn und Ziel.

Bei dir, du treuer Gott,
sind all unsere Erwartungen und Hoffnungen aufgehoben.

Lied

»Wait for the Lord« (s. S. 68)

Lesung

2 Petr 1,18–19 Das halten wir fest, dass das Heil kommt

Lied

»Wait for the Lord« (s. S. 68)

Psalmgebet

(evtl. im Wechsel beten)

Ich hoffe auf den Herrn, es hofft meine Seele,
ich warte voll Vertrauen auf sein Wort.

Meine Seele wartet auf den Herrn
mehr als die Wächter auf das Morgenrot.

Mehr als die Wächter auf das Morgenrot
wartet Israel auf den Herrn!

Denn beim Herrn ist Erbarmen.
Bei ihm ist Erlösung in Fülle.

Ja, er wird Israel erlösen
von all seinen Sünden.

Ehre sei dem Vater …

(aus Psalm 130)

Kanon

»In der Dunkelheit leuchtet uns auf« (s. S. 67)

Gebet

»Maranatha, komm, Herr«

Zu jeder Strophe wird eine Kerze angezündet und aufgestellt als Symbol für den kommenden Herrn, der das Licht ist.
Nach jedem zweiten Abschnitt wird als Kehrvers »Maranatha, komm, Herr« gesprochen oder der Kanon gesungen, Musik eingespielt oder eine kurze Stille gehalten.

Maranatha, komm, Herr,
werde wieder Mensch auf dieser Welt,
die an so vielen Stellen voller Dunkelheit ist.

Maranatha, komm, Herr,
in die Grauzonen der Unwahrheiten, Lügen und Machtsysteme,
in die Nacht der Ungerechtigkeit und des Unfriedens.

Maranatha, komm, Herr,
weil das Ende der Kriege nicht abzusehen ist und
weil das Geld weiterhin die Welt regiert.

Maranatha, komm, Herr,
weil wir es alleine nicht schaffen,
Not und Krankheit zu besiegen.

Maranatha, komm, Herr,
wir warten auf dein Licht, das nicht verlöschen kann,
wir brauchen die Hoffnung, die Zukunft bedeutet.

Maranatha, komm, Herr,
hilf uns aus Sackgassen und angeblichen Gegebenheiten und Fakten,
zeige uns neue Wege und neue Maßstäbe.

Maranatha, komm, Herr,
damit deine Geschichte mit uns weitergeht und
damit dein Reich sich durchsetzen kann.

Maranatha, komm, Herr, werde wieder Mensch auf dieser Welt.

(Ursula Klauke/Norbert Brockmann)

Kanon

»In der Dunkelheit leuchtet uns auf« (s. S. 67)

Gebet

Komm
ja komm mein Gott
Komm mit Deinem Feuer
und entflamme mich
Komm mit Deinem Atem
und belebe mich

Komm mit Deiner Kraft
und richte mich auf
Komm mit Deiner Liebe
und begeistere mich

Komm
ja komm Du Gott der Welt
Komm in vielen Propheten
die alles in Frage stellen
und niemanden in Ruhe lassen
Komm in Jesus Christus
der die Wunden heilt
und alles lebendig macht
Komm in allen Menschen
die lieben und den Frieden suchen
Komm in allen Dingen
die mir begegnen und doch fremd sind
Komm
ja komm mein Gott
und mach diese Welt zu Deiner Wohnung

(Anton Rotzetter)

Kanon

»Mache dich auf und werde Licht« (in: FrauenGottesDienste 3, S. 49)

Segen

Gott segne uns
und schenke uns langen Atem in dieser Zeit.

Er lasse uns Ruhe finden,
die wir brauchen, um IHM zu begegnen,
damit wir nicht vergeblich warten auf den, der kommen will.

Er lasse den Tau des Gerechten auf uns herabkommen,
damit unsere Hoffnungen auf Gott wachsen
und unser müder Glaube sich erfrischen kann.

Er schenke uns das Vertrauen, dass er wirklich kommt – zu uns:
der Vater, der Sohn und der Heilige Geist.

Kanon

»Mache dich auf und werde Licht« mit Bewegungselementen (in FrauenGottesDienste 3, S. 49)

Sr. Ria Zimmermann

Die Adventsfrauen

WORTGOTTESFEIER

Der Raum bleibt ziemlich dunkel. Kerzenlicht reicht möglicherweise aus. Auf die Spielgruppe scheint ein helles Licht, damit sie von allen gesehen wird. Im Mittelpunkt der Wortgottesfeier steht die Spielszene von Silja Walter. Da nicht allen, die an der Feier teilnehmen, das Leben der Adventsfrauen vertraut ist, sollte man vielleicht kurz etwas dazu sagen. Das kann am Anfang sein, kann aber auch im Spieltext durch eine Sprecherin erfolgen – z. B. nach der Frage Marias: »…, bist du es?«

Einführung

Wer war *Eva*?
Die biblischen Berichte über die Erschaffung der Eva sind uns vertraut. »Eine Hilfe für den Mann, Bein von seinem Bein und Fleisch von seinem Fleisch« (Gen 2,19–20.23). Sie heißt »Mutter aller Lebendigen« (Gen 3,20). Eva war die Mutter Kains und Abels (Gen 4,1).

Wer war *Hagar*?
Sie war die Magd der Sara und schenkte Abraham einen Sohn, den Ismael (Gen 16,1–16). Auf Verlangen der Sara vertreibt Abraham Hagar und ihren Sohn (21,9–20), den zukünftigen Vater der zwölf Araberstämme (25,12).

Wer war *Sara*?
Wir kennen sie als Frau des Abraham (Gen 11,29ff.). Zweimal gibt Abraham seine Frau Sara als seine Schwester aus, beim Pharao in Ägypten und bei Abimelech, dem König von Gerar. Sara begleitet Abraham von Ur nach Haran und von da nach Kanaan. Die unfruchtbare Sara gibt ihre ägyptische Magd Hagar dem Abraham, um durch sie die Nachkommenschaft zu erhalten. Im Alter von 90 Jahren erhält Sarai den Namen Sara und die Verheißung eines Soh-

nes mit zahlreicher Nachkommenschaft. In Mamre verkündet Jahwe der Sara, dass sie übers Jahr einen Sohn gebären wird, und sie lacht. Sara gebiert Isaak. Auf Ismael eifersüchtig verlangt sie von Abraham, dass er Hagar und ihren Sohn verstoße. Sie stirbt im Alter von 127 Jahren in Hebron. Abraham begräbt sie in der Höhle von Machpela.

Wer war *Rebekka*?
Sie war die Schwester des Aramäers Laban (Gen 24,15.24ff), die Frau Isaaks (Gen 24,45–67) und nach langer Unfruchtbarkeit Mutter der Zwillingsbrüder Esau und Jakob (Gen 25,21–26). Rebekka bevorzugt Jakob und hilft ihm, den für Esau, den älteren Bruder, bestimmten Segen auf betrügerische Weise zu erlangen. Rebekka wird auch in der Höhle von Machpela bestattet (Gen 49,31).

Wer war *Rahel*?
Sie war die Tochter des Aramäers Laban. Wegen ihrer Anmut und Schönheit wurde sie von Jakob bevorzugt; doch kann er sie erst zu seiner Frau machen, nachdem er ihre ältere Schwester Lea geheiratet hat (Gen 29,6–31). Durch ihre Magd Bilha schenkt sie Jakob zwei Söhne, Dan und Naftali (Gen 30,1–8). Später gebiert sie Josef (Gen 30,22ff) und nach der Ankunft in Kanaan Benjamin, bei dessen Geburt sie stirbt (Gen 35,16–19). Rahel und Lea gelten als Stamm-Mütter Israels: Das Grabmal Rahels liegt 8 km nördlich von Jerusalem.

Wer war *Rut*?
Sie ist die Hauptperson des kleinen Buches, das ihren Namen trägt. In dieser Erzählung geht es einmal um die Eigenschaft Ruts als »Fremde« im Bundesvolk – sie ist eine Moabiterin – und dann um ihre Treue zur Familie. Schon durch ihre erste Ehe ist Rut in einen Clan aus Betlehem in Juda eingetreten, sie bleibt ihrer Schwiegermutter Noomi verbunden und kehrt mit ihr nach Betlehem zurück. Dort heiratet sie Boas, ihren nächsten Verwandten. Der aus dieser Verbindung geborene Sohn Obed ist der Vater Isais und Großvater

Davids. Deshalb hat Rut auch einen Platz im Stammbaum Jesu (Mt 1,5).

Wer war *Maria*?
Maria, Verlobte Josefs, ist schwanger aus der Kraft des Heiligen Geistes, gebiert in Betlehem ihren Sohn Jesus und wohnt dann in Nazaret.

Begrüßung

Ein herzliches Willkommen allen, die zu dieser adventlichen Wortgottesfeier gekommen sind.

Ich begrüße Sie im Namen des Vaters und des Sohnes und des Heiligen Geistes.

Lied

»Himmelswort Gotteszelt« (s. S. 70)

Spielszene: Die Adventsfrauen

Personen: Maria, Eva, Hagar, Sara, Rebekka, Rachel, Rut.

(Soeben hat der Engel Maria verlassen. Eva tritt ein. Sie kniet.)

Eva: Ich weiß es wohl, was hier geschah.
Jetzt eben war der Engel da.
Das weiß ich schon.
Die Kammer duftet wie nach Korn.
Und jetzt beginnt doch all's von vorn.
Abel, mein Sohn.
Ich will dir erzählen. Er war schon als Kind
So milde und sanft, wie nur Lämmer sind.
Ich sag' es dir offen. Dein Schmerz ist einst groß.
Einst liegt dir dein Lamm verblutet im Schoß.
An meinem Kind kannst du's ersehn,
Wie's deinem Kind einst wird ergehn.
Abel.

Maria: Jesus.
Eva, bist du's?

(Maria bindet sich ein Tuch um den Kopf und legt einen Mantel um. Dann geht sie ins Gebirge zur Base Elisabet. Am Wegrand steht Hagar.)

Hagar: Gehst auch als Magd? Dienst ohne Lohn?
Die alte Frau trägt einen Sohn.
Weiß, wie die sind.
Ein Engel hat uns hingeschickt.
Die meine hat mich arg gedrückt.
Ismael, Kind!
Ich will dir erzählen, wie war er doch kühn.
Und all seine Brüder bekriegen ihn!
Ich sag' es dir offen, nur weil er sagt:
Bin Sprosse des Herrn und der Sohn einer Magd.
An meinem Kind kannst du's ersehn,
Wie's deinem Kind einst wird ergehn.
Ismael.

Maria: Jesus.
Hagar, bist du's?

(Aus dem Haus der Base Elisabet tritt Sara als alte, aber hoheitsvolle Frau. Maria folgt ihr mit aufgerollten Ärmeln und einem Krug. Dann beginnt sie Holz in die Schürze zu sammeln.)

Sara: Was suchst du Holz? Was stehst du da?
's gab immer Holz auf Moria.
Das weiß ich wohl gar.
Mein Sohn war's, der es selber trug.

(Maria lässt das Holz aus der Schürze gleiten.)

Und Feuer nahm er mit im Krug.
Isaak, nicht wahr?

(Streckt erregt die Arme aus.)

Ich will dir erzählen. Der Einzige, oh,
Zum Opfer erkoren. Gott wollte es so.
Ich sag' es dir offen: Es könnte wohl sein,
Dass Gott nicht mehr ausruft vom Himmel: »Halt ein!«
An meinem Kind kannst du's ersehn,
Wie's deinem Kind einst wird ergehn.
Isaak.

Maria: Jesus.
Sara, bist du's?

(Maria kehrt nach Nazaret zurück. Auf dem Heimweg steht Rebekka da. Maria geht erst vorüber, horcht dann und wendet sich um.)

Rebekka: Jetzt gehst du wieder heim nach Haus.
Und einmal kommt's doch so heraus,
Wie mir geschah.
Er geht davon und lässt dich sein
Und ringt mit Gott im Morgenschein.
Jakob, o ja.
Ich will dir erzählen. Er wusste es nicht
Und stand doch vor Gottes erhab'nem Gesicht.
Ich sag es dir offen: Die Engel sind gar
Herniedergestiegen ob seinem Haar.
An meinem Kind kannst du's ersehn,
Wie's deinem Kind einst wird ergehn.
Jakob.

Maria: Jesus.
Rebekka, du?

(Maria tritt in ihre Kammer. Legt Tuch und Mantel ab. Aber sie beginnt gleich einen Korb mit Windeln aus einer Truhe zu bepacken. Rahel kommt herein.)

Rahel: Bist vom Gebirge heimgekehrt?
Bleib hier. Hier bist du ungestört.
Geh nicht mehr fort.
Nach Betlehem willst du, nein, geh nicht, nein!
Ach, weh mir, wie dort meine Kinderlein schrein!
Beim Kindermord!
Ich will dir erzählen, wie sag' ich's dir nur?
Dort war es, wo Benjamin kam auf der Flur.
Ich sag' es dir offen: Dort starb ich, ach nein,
Ich höre noch immer die Kinderlein schrein.
In Betlehem!

Maria: Jesus.
Rahel, bist du's?

(Aber Maria geht doch nach Betlehem. Vor dem Stall liest Rut Ähren.)

Rut: Da liest ein Mädchen – sonderbar!
Denkst wohl – im Winter Ähren gar.
Da, nimm davon.
Das Stroh leg in den Trog hinein.
Dein Kind wird doch ein König sein
Als Davidssohn.
Ich will dir erzählen. Ich bin doch die Rut.
Und hier auf den Wiesen, das weiß ich doch gut,
Da las ich einst Ähren, da wuchs er heran,
Mein Urenkel, Hirte und König sodann,
David.

Maria: Jesus.
Wie, Rut? Bist du es?

(Maria legt das Stroh in die Krippe. Es ist dunkel geworden.)

Maria: Ich weiß schon, was sie meinen,
Die Frauen aus der Nacht.

Sie haben für den Einen
Ihr'n Sohn zur Welt gebracht.
Weiß wohl, warum sie knien …
Wie wüsste ich das nicht.
Ihr Kind war erst ein Glühen,
Mein Kind, das ist das Licht.
Wir tun uns alle gleichen,
Weil jede Mutter ist.
Doch war ihr Sohn nur Zeichen
Für meinen: Jesus Christ.

(Silja Walter)

Kanon

»Jesus Christ, du bist das Licht« (s. S. 68)

Anneliese Knippenkötter

Vier Wege im Advent

BESINNLICHER ABEND

Der Text basiert auf einer Legearbeit. Benötigt werden vier schwarze Tücher und ein gelbes Tuch, gelbe Moosgummistrahlen, sowie die jeweiligen Krippenfiguren. Das gelbe Tuch wird in die Mitte gelegt, darauf werden Ochse, Esel und die leere Futterkrippe gestellt. Die vier schwarzen Tücher werden als Wege jeweils an die Spitzen des gelben Tuches angelegt. Auf jedem Weg steht eine noch nicht brennende Kerze.
Zur Einstimmung adventliche Instrumentalmusik, evtl. auch zwischen den einzelnen Stationen. Um die Gottesdienstgemeinschaft aktiv teilnehmen zu lassen, könnte das Lied »Wir sagen euch an den lieben Advent« gesungen werden.

Begrüßung und Einführung

Advent heißt Ankunft, Ankunft des Herrn auf Erden. Advent ist Erinnerung und Erwartung, Vergangenheit und Zukunft. Wir erinnern uns: Jesus Christus ist zu uns Menschen gekommen, er ist Mensch geworden. Voller Sehnsucht erwartete das Volk Israel seinen Erlöser, den Messias. Immer mehr wuchs die Hoffnung auf den, den Gott versprochen hatte. Endlich wurde er geboren. An dieses Ereignis denken Christen im Advent und bereiten sich auf das Fest vor, an dem das erste Kommen Jesu Christi gefeiert wird. Wenn an den Adventssonntagen eine Kerze nach der anderen angezündet wird und es von Woche zu Woche in den Wohnungen heller wird, dann soll in den Menschen die Vorfreude auf die Ankunft Jesu Christi wachsen.

Damals wie heute bringt die Geburt Jesu die Menschen in Bewegung. Menschen machten und machen sich aus den unterschiedlichsten Gründen auf den Weg. Ich möchte Sie jetzt einladen, vier Wege mitzugehen auf dem Weg nach Weihnachten. Die Tücher stehen symbolisch für den jeweiligen Weg, alle Wege führen zur Mitte, zu Jesus Christus, dessen Ankunft wir erwarten.

Lied

»Wir sagen euch an den lieben Advent« (GL 115,1)

Erster Weg: Maria und Josef

(Maria, Josef und der Esel werden in den Weg gestellt.)

1. Sprecherin: Nazaret, eine kleine Stadt in Galiläa. Dort leben der Zimmermann Josef und seine Braut Maria. Noch vor ihrer Hochzeit verkündet ihr der Engel: »Du wirst ein Kind empfangen. Einen Sohn wirst du gebären, dem sollst du den Namen Jesus geben« (Lk 1,31).

Trotz aller anfänglichen Zweifel steht Josef zu Maria und nimmt sie zu sich. Eines Tages dann: Befehl vom Kaiser! Alle müssen sich in Steuerlisten eintragen lassen und zwar jeder in der Stadt seines Stammvaters.

Für Josef und Maria bedeutet dies, den langen Weg von Nazaret in Galiläa nach Betlehem in Judäa zu gehen. Hochschwanger, mittellos, auf dem Weg in eine fremde Stadt. Der Esel trägt Maria, wenn der Weg zu beschwerlich wird. Welche Sorgen müssen die beiden quälen: Schaffen wir den Weg bis nach Betlehem? Werden wir eine Herberge finden? Wird das Kind gesund zur Welt kommen?

Das schwarze Tuch steht für die Sorgen, die Angst der beiden auf ihrem Weg in eine ungewisse Zukunft. Aber sie lassen sich nicht entmutigen! Sie gehen ihren Weg in der Gewissheit: »Wir sind nicht allein auf diesem Weg, Gott geht mit uns, er hält seine schützende Hand über uns! Er ist das Licht auf unserem Weg!«

(Kerze auf dem Weg anzünden.)

2. Sprecherin: Was Maria und Josef in Davids Stadt erwartet, wissen wir.
Es ist kein Zimmer zu bekommen. Arme Leute, die Frau hochschwanger. »Nein, wir haben keinen Platz für euch!«
In einem Stall am Rande der Stadt kommen sie schließlich unter. Dort in dieser Notunterkunft wird das Wunderbare geschehen: Mitten in der Nacht, wo die Not am größten ist, wird das Kind geboren. Ein Junge! Genau wie es der Engel gesagt hat. Gesund und munter!
Für einen Moment ist alles vergessen: Der lange Weg, der alte Stall, die Angst, die Schmerzen, die ungewisse Zukunft …
Dieses Kind wird das Licht für die Welt sein!

(Strahlen von der Mitte aus in den Weg legen.)

Lied

»Wir sagen euch an den lieben Advent« (GL 115,2)

Zweiter Weg: Die Heiligen Drei Könige

(Die Heiligen Drei Könige und ihre Kamele werden auf einen Weg gestellt.)

1. Sprecherin: Im fernen Morgenland hören die Heiligen Drei Könige von der Geburt des neuen Friedensfürsten und sehen den hellen Stern am Himmel.
Nach langen Jahren des Krieges sehnen sich die Könige und ihre Völker nach Ruhe und Frieden. Und so beschließt ein jeder von ihnen, sich auf den Weg in das ferne Land zu machen, um den neuen König zu begrüßen.

Unterwegs kreuzen sich ihre Wege und sie beschließen, gemeinsam ihrem Ziel entgegenzureiten.

2. Sprecherin: So folgen die drei Könige dem Weihnachtsstern auf dem langen Weg durch die Wüste. Dieser Stern vereint die drei und erhellt ihren langen und oftmals auch sicher dunklen und gefährlichen Weg. *(Weihnachtsstern auf den Weg legen.)*
Aber sie werden alle Gefahren vergessen haben, wenn sie beim Kind im Stall ankommen. Sie werden dem Kind Geschenke bringen, werden ihm huldigen und werden auf ihrem Heimweg einen Befehl des König Herodes missachten und ihm nicht verraten, wo er den neugeborenen König finden kann.

(Kerze anzünden und Strahlen legen.)

Lied

»Wir sagen euch an den lieben Advent« (GL 115,3)

Dritter Weg: Die Hirten

(Hirten und Schafe werden auf den nächsten Weg gestellt.)

1. Sprecherin: Die Hirten sitzen in der Nacht am Feuer und hüten ihre Schafe. Hirten, arme Leute, Menschen am Rande der Gesellschaft, einfaches Volk.
Es ist unruhig in dieser Nacht, die Schafe geben keine Ruhe, sie blöken und laufen ständig durcheinander. Irgendetwas liegt in der Luft!
Plötzlich steht ein Engel vor ihnen und ruft: »Fürchtet euch nicht! Hört! Ich verkündige euch eine große Freude, euch ist heute der Retter geboren. Lauft zum Stall! Dort werdet ihr das Kind finden,

es ist in Windeln gewickelt und liegt in einer Futterkrippe.«

(Der Verkündigungsengel wird zu den Hirten gestellt.)

2. Sprecherin: Da springen die Hirten auf, treiben die Herde zusammen und machen sich auf den Weg.
Im Stall werden sie das Kind finden, so wie der Engel es gesagt hat.
In der Dunkelheit der Nacht leuchtet ihnen ein helles Licht auf, bringt sie in Bewegung, erfüllt sich ihre Hoffnung.
Die Geburt dieses Kindes wird ihr Leben verändern, und sie sind die ersten, die davon erfahren, die das Kind begrüßen dürfen. Licht auf ihrem Weg!

(Kerze anzünden, Strahlen legen.)

Lied

»Wir sagen euch an den lieben Advent« (GL 115,4)

Vierter Weg: Unser Weg nach Weihnachten

(Bauer, Bäuerin und die Kinder werden auf den letzten Weg gestellt.)

1. Sprecherin: An den Beginn unseres Weges möchte ich einen kurzen Abschnitt aus dem Markus-Evangelium stellen.
Da heißt es:
Anfang des Evangeliums von Jesus Christus, dem Sohn Gottes: Es begann, wie es bei dem Propheten Jesaja steht:
Ich sende meinen Boten vor dir her; er soll den Weg für dich bahnen. Eine Stimme ruft in der Wüste: Bereitet dem Herrn den Weg, ebnet ihm die Straßen!

So trat Johannes der Täufer in der Wüste auf und verkündigte Umkehr und Taufe zur Vergebung der Sünden. Ganz Judäa und alle Einwohner Jerusalems zogen zu ihm hinaus, sie bekannten ihre Sünden und ließen sich von ihm im Jordan taufen (Mk 1,1–5).

2. Sprecherin: »Den Weg bereiten« heißt: den Weg von Störendem frei räumen, von Hindernissen, von Steinen des Anstoßes. Dazu muss ich mich auf den Weg machen, die Hindernisse erkennen und beseitigen. Das kann ein Weg z. B. der Versöhnung sein.
Adventerwartung zielt über das Alltägliche hinaus. Es geht in dieser Zeit nicht nur um die Geschenke, die Plätzchen, den Weihnachtsputz und um die Frage, ob es am Heiligen Abend Karpfen oder Würstchen mit Kartoffelsalat gibt.
Es geht vielmehr darum, uns bewusst auf das Kommen des Herrn vorzubereiten, unseren persönlichen Standort zu bestimmen und wenn nötig, eine Richtungsänderung vorzunehmen. »ADVENT« sollte nicht nur eine religiöse Vokabel oder eine Bezeichnung für die hektischste Zeit im Jahr sein.
Christus ist in unsere Welt gekommen! Er gibt unserem Leben Licht, wenn wir unser Leben an ihm orientieren. Gönnen wir uns und unseren Familien Ruhe, jeden Tag ein bisschen, damit wir uns wirklich auf Weihnachten vorbereiten können.
Advent, die Zeit der Erwartung, die große Chance, uns neu auf den Weg zu machen, zum Stall nach Betlehem, zum Kind, das in der Krippe liegen wird auf Heu und auf Stroh. Lassen wir uns ein auf diesen Weg, hin bis zum Weihnachtsfest, rollen wir die Steine, die im Weg sind, auf die Seite und bereiten

dem Herrn den Weg. Sein Licht wird unsere Dunkelheit erhellen.

(Kerze anzünden und Strahlen legen.)

3. Sprecherin: Da hat der Himmel die Erde berührt ...

Mitten in der Nacht
in der Armut eines Stalls
geht ein Stern auf
kommt Gott in unsere Welt
wird Mensch.

Mitten in der Nacht
vertreibt ein helles Licht die Dunkelheit
breitet Hoffnung sich aus
verbindet Liebe die Menschen.

Mitten in der Nacht
hat der Himmel
die Erde berührt.

Lied

»Die Nacht ist vorgedrungen« (GL 111,1–4)

Pia Biehl

Begegnung am Dreikönigstag

WORTGOTTESFEIER

Der Dreikönigstag gehört den Kindern – den Sternsingern. Aber warum nicht auch den Frauen? Die Weihnachtszeit geht zu Ende und damit beginnt wieder der normale Tagesablauf. Da bietet es sich zum Ausklang der weihnachtlichen Festzeit geradezu an, mit einer besinnlichen Wortgottesfeier und mit Zusammensein bei Kaffee, Glühwein und Gebäck die Zeit zu beschließen. Ein guter Brauch ist auch, an dem Nachmittag einige Krippen in den Kirchen der Stadt oder des Dekanates zu besuchen mit Gottesdienst und besinnlich-frohem Beisammensein. Jede Teilnehmerin bringt einen gebastelten Stern mit. Darauf hat sie einen guten Wunsch geschrieben, den sie an eine andere Teilnehmerin weitergibt.

Lied zu Beginn

»Wie schön leuchtet der Morgenstern« (GL 554,1.4)

Begrüßung und Eröffnung

Gebet

Nein,
mach dir keine Sorge, Nacht.
Lass dich vom Tag nicht blenden.
Deine Sterneneinsamkeit
hebt Lichtjahre
der Entfernung zu Gott auf.
In der kältesten Einsamkeit
will dein Gott dich wärmen.
Wie er das tut?

In der Nacht lehrt er
die Menschen

zueinander zu rücken,
einander zu wärmen
und zu schützen.

Und der Tag rückte zur Nacht,
Abend und Sternenhimmel
verneigten sich still,
und in die Stille hinein
sang ein Engel:
Heilig bist du, Nacht,
denn aus der Sehnsucht
deiner Träume
wurde uns Friede geboren.

(Michael H. F. Brock)

Lesung

Jes 60,1–6 Auf, werde licht, Jerusalem

Psalm

»Werde licht, Jerusalem« mit Psalm 72 (GL 153/1 und 153/2)

Evangelium

Mt 2,1–12 Es kamen Sterndeuter aus dem Osten nach Jerusalem

Gebet

Lass deinen Stern
aufleuchten all denen
die sich ducken unter
nachtschwarzem Himmel
das Herz sehnsuchtsschwer.

Lass deinen Stern
voranleuchten all denen

die neu-gierig Ausschau halten
zum Aufbruch bereit
über die Antwort der Bücher hinaus
suchen und fragen.

Lass deinen Stern
heimleuchten all denen
die unterwegs sind mit allem
was ihr Leben reich macht
und kostbar.

Lass sie
die den »Himmel« suchen
Menschen finden
die Mutter, das Kind
und die große Freude.

(Eleonore Beck)

Lied

»Ich steh an deiner Krippe hier« (GL 141,1–2.4)

Zur Meditation

Begegnung am Dreikönigstag

Ich weiß nicht, ob sie es waren,
sie gingen vorüber, sternlos,
hinter sich das Gefolge
der eignen Spuren im Sand.

Der eine trug Fladenbrote,
der andre den Wasserbeutel,
ein Bündel Decken der dritte.

Sie fragten nach nichts und
niemand,

sie witterten nur und lauschten.
Die Disteln klirrten im Wind.

Plötzlich am Rand der Düne
sahn wir vor ihnen den fremden
Esel. Er schien zu warten,
er schrie nicht, er brach
in die Knie.

(Christine Busta)

Gedanken zum Gedicht

In vielen Pfarreien ist das Dreikönigssingen inzwischen ein guter Brauch. Oft sind es die Messdienerinnen und Messdiener, die an unsere Haustür kommen und mit ihren Gesängen Gott für die Geburt seines Sohnes danken. Um eine Gabe für Kinder in Not bittend, ziehen sie weiter. Ob sie im nächsten Jahr wiederkommen? Ich freue mich immer auf ihren Besuch, auf die Begegnung mit den »drei Weisen« von weither.

Im Gedicht von Christina Busta ist auch von einer Begegnung am Dreikönigstag die Rede. Es wird erzählt von drei Männern, die vorübergingen. Ein Stern zeigte ihnen nicht den Weg. Ja, und das, was sie in ihren Händen trugen, weist auch nicht auf das vertraute Bild der drei Könige mit den Geschenken von Gold, Weihrauch und Myrrhe hin. Hier sind es Fladenbrote, ein Wasserbeutel und ein Bündel Decken. Seltsam. Und gefragt haben sie auch nicht, wo sie den »neu geborenen König« finden könnten. Aber sie »lauschten«. Das heißt doch wohl, dass es sehr aufmerksame Männer waren, die da unterwegs sind.

Drei Männer gehen durch den Wüstensand. Ihre Spuren bleiben – ein Hinweis auf die eigene Lebensgeschichte. Wann werden die Spuren verwischt? Die Wanderer müssen auf diejenigen, die ihnen begegneten, einen tiefen Eindruck gemacht haben. Die Szene ist vorstellbar. Auch heute? Mitten in unserem Alltag?

Begegnung findet hier in einer »Wüsten-Situation« statt. Ist das auch unsere? Nicht in der Sandwüste – vielleicht in der Steinwüste einer Großstadt oder in der Wüste der Missverständnisse und Schuld. Lebensnotwendige Begegnungen. Die Männer bringen Brot gegen den Hunger, Wasser gegen den Durst, wärmende Decken gegen die Kälte, und sie haben ein aufmerksames Ohr, können zuhören. Gaben, die Leben ermöglichen.

Die letzte Strophe hält noch eine Überraschung bereit. Ein Esel tritt ins Bild. »Plötzlich am Rand der Düne.« Bereit für die Flucht, die der Begegnung folgt? »Er schrie nicht, er brach in die Knie.« Hinweis auf den Einzigen, vor dem Mensch und Tier sich beugen, auf Gott. Unterwegs sind die drei Männer mit Gaben – drei Weise, die dem Kind huldigen, so berichtet die Bibel (vgl. Mt 2,11).

»Ich weiß nicht, ob sie es waren«, sagt Christine Busta am Anfang ihres Gedichtes. Vieles deutet darauf hin, dass sie es gewesen sein könnten – auch der Esel, der in die Knie bricht. Und wenn ich das Gedicht lese, die Bilder meditiere, dann bin ich es nach einer Weile, die sagt: »Ich weiß nicht, ob sie es waren«, sicher erkannt habe ich sie nicht, die Boten, die mir sagen wollen, dass Gott unter den Menschen ist. Hören wir diese Botschaft am Dreikönigstag?

Lied

»O Jesu Christe, wahres Licht« (GL 643)

Meditation

Kommt und seht:
Neues begann
macht euch auf den Weg
ihr braucht die Nacht
nicht zu fürchten:
Ihr könnt dem Stern
und den Träumen trauen …

Sucht nicht
bei den Mächtigen
nicht bei denen
die Grenzen ziehen
Mauern bauen, Urteile sprechen
Waffen schmieden
das Alte verwalten
den Fortschritt nicht wagen ...

Kommt und seht
Neues beginnt:
Machtlos
im Schoß der Mutter
aller Menschen Zukunft.

(Eleonore Beck)

Verabschiedung und Segen

Wir sind uns in dieser Wortgottesfeier begegnet und setzen diese Begegnung noch eine Weile in Gesprächen und mit weihnachtlichen Liedern fort, ehe wir unsere Alltagsbegegnungen wieder aufnehmen. Dazu erbitten wir den Segen Gottes:

Er möge uns behüten auf unseren Straßen und Plätzen.
Er möge bei uns bleiben in unseren Ängsten und Sorgen.
Er möge uns seine Hoffnung schenken in den Hoffnungslosigkeiten unserer Tage.
Wir machen uns auf den Weg im Namen des Vaters, des Sohnes und des Heiligen Geistes. Amen.

Schlusslied

»Zu Betlehem geboren« (GL 140)

Anneliese Knippenkötter

Licht für die Welt

EUCHARISTIEFEIER AM FEST DER DARSTELLUNG DES HERRN

Eingangslied

»Menschen auf dem Weg durch die dunkle Nacht« (kfd-Liederbuch, Nr. 7)

Einführung

Wir feiern das Fest »Darstellung des Herrn«: Die Eltern Jesu bringen ihr Kind in den Tempel, um die Gesetzes-Vorschrift zu erfüllen. Die Ostkirche nennt das Fest »Fest der Begegnung«: Der Messias begegnet dem Gottesvolk des Ersten Bundes, das durch Simeon und Hanna gegenwärtig ist. Seit alter Zeit nennen wir dieses Fest auch »Mariä Lichtmess«, ein Lichtfest, das Maria als Mutter des Lichtes feiert und Christus als das Licht der Welt. Um immer wieder an dieses Licht erinnert zu werden, weihen wir Kerzen, die wir während des Jahres anzünden.

Kerzenweihe

Liedruf: »Laudate omnes gentes« (kfd-Liederbuch, Nr. 64)

Gott, du Quelle und Ursprung allen Lichtes,
du hast am heutigen Tag
dem greisen Simeon Christus geoffenbart
als das Licht zur Erleuchtung der Welt.

Liedruf

Du hast die Prophetin Hanna
mit deinem Geist erfüllt,
sodass sie dich preisen
und von Jesus sprechen konnte.

Liedruf

Segne die Kerzen,
die wir in unseren Händen tragen.
Führe uns auf dem Weg des Glaubens und der Liebe
zu jenem Licht, das nie erlöschen wird.

Liedruf

Segne die Kerzen,
die wir weiterschenken wollen.
Schenke denen, die sie entzünden,
die Wärme und Kraft deines Lichtes.

Liedruf

Lichterprozession

Liedruf: »Laudate omnes gentes«

Nach der Prozession

Wir haben dein Heil empfangen, o Gott, inmitten deines Tempels. Wie dein Name, Gott, so reicht dein Ruhm bis an die Enden der Erde; deine rechte Hand ist voll von Gerechtigkeit (vgl. Ps 48,10–11).

Wir haben dein Licht empfangen, o Gott, in dieser Feier. Wie dein Name, o Gott, so reicht dein Licht bis an die Enden der Erde; deine Gerechtigkeit breitet sich aus. Deshalb singen wir dein Lob.

Liedruf: »Laudate omnes gentes«

Lesung

Mal 3,1–4 Seht, ich sende meinen Boten

Antwortgesang

»Dein Wort ist Licht und Wahrheit« (GL 687)

Halleluja-Ruf

»Du Licht des Morgens. Halleluja« (kfd-Liederbuch, Nr. 70)

Evangelium

Lk 2,22–40 Das Zeugnis des Simeon und der Hanna über Jesus

Fürbitten

Liedruf: »Christus, dein Licht« (s. S. 66)

Gott, du bist Licht und hast deinen Sohn zu uns gesandt als Licht für alle Völker der Welt. Höre unsere Bitten:

- Für alle Menschen, die in der Dunkelheit von Krieg und Hunger leben müssen: Schenke ihnen dein Licht und deinen Frieden.
- Für alle Männer und Frauen, die in der Politik Entscheidungen treffen: Schenke ihnen dein Licht und deine Weisheit.
- Für alle Frauen und Männer, die in der Kirche Verantwortung tragen: Schenke ihnen dein Licht und deine Kraft.
- Für alle Väter, Mütter und Kinder, die sich füreinander verantwortlich wissen: Schenke ihnen dein Licht und deine Wärme.
- Für alle Frauen, die sich in der Frauengemeinschaft engagieren: Schenke ihnen dein Licht und deine Energie.
- Für alle Menschen, die uns über den Tod hinaus nahe sind: Schenke ihnen dein Licht und dein Leben.

Um all dies bitten wir dich Gott, du Quelle und Ursprung allen Lichtes. Amen.

Gabenbereitung

Es werden außer Brot und Wein zwei große Kerzen gebracht und auf den Altar gestellt.

»Morgenstern der finstern Nacht« (GL 555,1–3)

Präfation

In Wahrheit ist es würdig und recht, dir, Herr, heiliger Vater, allmächtiger Gott, immer und überall zu danken.
Wir danken dir mit Simeon:
Du hast allen Völkern Heil geschenkt in deinem Sohn.
Mit Hanna singen wir von dir:
Du hast dich in der Geschichte als Erlöser für alle Menschen gezeigt.
Mit allen Menschen im Himmel und auf Erden danken wir dir:
Du hast uns Christus als Licht und Leben geoffenbart.
In der Kirche und mit unserer Frauengemeinschaft danken wir dir:
Du hast Frauen und Männer berufen,
Anteil zu haben an deinem Licht
und von diesem Licht weiterzugeben.
Wir danken dir und singen mit den Engeln und Heiligen das Lob deiner Herrlichkeit:

Sanctus

»Heilig bist du, Ursprung der Welt« (kfd-Liederbuch, Nr. 112)

Nach der Kommunion

Jesus Christus,
du hast dich Simeon und Hanna gezeigt
als Licht zur Erleuchtung der Welt.

Jesus Christus,
in dieser Feier hast du dich uns gezeigt
als Licht zur Erleuchtung unseres Lebens.

Jesus Christus,
durch alle Jahrhunderte sind Menschen durch dich
zum Licht für die Welt geworden.

Jesus Christus,
heute schenkst du uns die Kraft,
Licht zu sein für die Welt.

oder: Lied nach der Kommunion

»O Licht der wunderbaren Nacht« (GL 208)

Schlussgebet

Dank und Segen

Gott, wir sagen dir Dank für alles Licht,
das du uns geschenkt hast.
Und wir bitten dich um deinen Segen,
um dein Licht für alles,
was dunkel ist um uns -
im persönlichen Leben,
in unserer Kirche,
in unserer Gesellschaft.

Segne uns, Gott,
Quelle und Ursprung allen Lichtes.

Segne uns, Gott, Jesus Christus,
der Licht für alle Menschen ist.

Segne uns, Gott, Heiliger Geist,
Leucht-Kraft, die entzündet.

Segne uns, Gott,
Vater, Sohn und Heiliger Geist.

Schlusslied

»Zeige uns den Weg« (kfd-Liederbuch, Nr. 10)

Marie-Luise Langwald

Du bist das Licht der Welt

WORTGOTTESFEIER ZU MARIÄ LICHTMESS

Vorbereitung: Liedzettel oder Liederbücher, Adventskranz, gelbe Tücher, Bausteine, Sonnenstrahlen aus Pappe oder Moosgummi, Osterkerze, Jesuskind in der Krippe; für alle, die teilnehmen, eine Kerze, die vielleicht vorher selbst gestaltet worden ist.
Vor dem Gottesdienst wird der Adventskranz in die Mitte gestellt, rechts daneben mit etwas Abstand die Osterkerze. Dazwischen wird ein großes gelbes Tuch ausgelegt. Um das Tuch herum werden im Kreis Holzbausteine aufgestellt, die den Tempel symbolisieren. Das Jesuskind kommt in die Mitte. Die Sonnenstrahlen werden angelegt als Zeichen für das Licht der Welt. Das Bild kann während der Einführung entstehen, kann aber auch vorher gestaltet werden.

Lied

»Andere Lieder wollen wir singen« (kfd-Liederbuch, Nr. 1)

Begrüßung und Einführung

Lichtmess – ein Lichtfest zwischen Weihnachten und Ostern

Zu unserem Gottesdienst heiße ich Sie alle herzlich willkommen. Dieses Fest, auch bekannt unter dem Namen Maria Lichtmess, liegt in der Mitte zwischen den zwei großen Festen, die wir Christen in besonderer Weise feiern und bei denen das Licht eine besondere Rolle spielt. Da ist zunächst das Weihnachtsfest, hier symbolisiert durch den Adventskranz, der uns mit seinem immer heller werdenden Licht begleitet bis hin zum strahlenden Licht der Heiligen Nacht. Auf der anderen Seite steht die Osterkerze, die uns mit ihrem Licht die Auferstehung Jesu verkündet und uns deutlich macht: Er ist hier in unserer Mitte. Dazwischen liegt nun der heutige Festtag. Maria und Josef bringen ihren Sohn in den Tempel und werden von zwei alten Menschen überrascht, die sehnsüchtig auf dieses Kind gewartet haben: Simeon und Hanna. Und Simeon bringt das ins Wort, worauf die Menschen damals sehnsüchtig gewartet haben, woran wir heute noch unsere Hoffnung knüpfen: »Meine Augen haben das Heil gesehen, (...) ein Licht, das die Heiden erleuchtet.« Jesus, das Licht der Welt. Diese frohe Botschaft hören wir jetzt, nachdem das Weihnachtsfest schon fast vergessen wieder hinter uns liegt, wir schon wieder auf dem Weg in Richtung Fastenzeit sind, mitten in der dunklen Jahreszeit, wo alles oft noch so trostlos und trüb ist. Jesus ist unser Licht, er macht unser Leben hell, wenn wir uns von seiner Liebe entzünden lassen. Geben wir seinem Licht in unserem Leben Raum, gerade jetzt in dieser Stunde.

Kyrieruf

Jesus, du hast nur unsere Hände, um Taten des Lichts in unserer Welt zu tun.
Herr, erbarme dich unser.

Du hast nur unsere Füße, um Wege des Lichts zu gehen.
Christus, erbarme dich unser.

Du hast nur unseren Mund, um deine Liebe und dein Licht in dieser Welt zu verkünden.
Herr, erbarme dich unser.

Lied

»Ich lobe meinen Gott« (kfd-Liederbuch, Nr. 108)

Evangelium

Lk 2,22–40 Das Zeugnis des Simeon und der Hanna über Jesus

Kerzenweihe

Wenn selbst gestaltete Kerzen geweiht werden, sollten diese in einer Prozession angezündet zum »Tempel« gebracht werden.

Segensgebet

Herr Jesus Christus, du bist das Licht der Welt, das Licht für alle Menschen. Segne diese Kerzen, die wir zu deinem Lob im Gottesdienst anzünden. Wie ihr Licht das Dunkel hell macht, so mache du unser Leben hell mit deinem Licht. Schenke uns in unserem Leben Zuversicht und Freude und hilf uns, mit deinem Licht auch das Leben anderer Menschen hell zu machen, der du lebst und herrschst in alle Ewigkeit. Amen.

(Benediktionale)

Lied

»Du Licht des Morgens« (kfd-Liederbuch, Nr. 70)

Fürbitten

Jesus Christus, du bist das Licht der Welt. Wir dürfen zu dir kommen mit unseren Sorgen, unserer Freude, unserem Dank, mit allem, was uns bewegt. Höre unsere Bitten:

- Jesus, du unser Licht, wir bitten heute für alle Kinder: Lass in ihnen den Glauben an dich wachsen und gib allen, die diese Kinder auf ihrem Weg ins Leben begleiten, die Kraft und den Mut, ein lebendiges Beispiel des Glaubens zu sein.
- Jesus, du unser Licht, wir bitten dich für unsere Familien und unsere Gemeinschaft: Lass uns aufeinander hören, das rechte Wort füreinander finden, einander tragen und selber zum Licht werden.
- Jesus, du unser Licht, wir bitten dich: Entzünde in uns das Feuer deiner Liebe.
- Jesus, du unser Licht, wir bitten dich: Lass uns selber Licht sein für diese Welt, damit es für die Menschen, die im Dunkeln leben, ein wenig heller wird und sie durch uns deine Liebe spüren.

Jesus Christus, du bist das Licht, das unsere Welt hell und warm macht. Dir dürfen wir uns anvertrauen, du hältst uns in deiner guten Hand. Dafür danken wir dir jetzt und in Ewigkeit. Amen.

Vaterunser

Meditation zum Abschied

Wie lange dauert Vertrauen?
Zwei Tage? Drei Wochen? Vier Monate?
Wie lange dauert Vertrauen?
Simeon wartete und vertraute.
Manchmal muss Vertrauen dauern –
lange, ein Leben lang.
Simeon, wir brauchen dich.
Wir brauchen dich, wenn uns der Mut verlässt
und wir das Ziel nicht sehen.
Wir brauchen dich, wenn unsere Träume platzen
und die Wirklichkeit uns einholt.
Wir brauchen dich, wenn uns die Zweifel quälen
und alles zur Frage wird.
Simeon, wir brauchen dich.
Wir brauchen dein dauerndes Vertrauen,
damit unser Vertrauen dauert …
… überdauert.
Wir brauchen dein dauerndes Vertrauen,
damit unser Vertrauen bleibt –
bis Er kommt.

(Marie-Luise Langwald)

Schlusslied mit der Bitte um den Segen Gottes

»Herr, wir bitten, komm und segne uns« (kfd-Liederbuch, Nr. 34)

Pia Biehl

Materialien

Segen: Auf dem Weg nach Betlehem

Auf unserem Weg durch den Advent
bitten wir um den Segen Gottes:

Wir bitten um den Segen Gottes,
der Sonne, Mond und Sterne geschaffen hat,
dass sie uns Licht und Orientierung schenken.

Wir bitten um den Segen des Sohnes Jesus Christus,
dessen Geburt ein Stern verheißen hat,
auf dass Menschen den Weg zum Kind finden.

Wir bitten um den Segen der Geist-Kraft,
die uns Leucht-Kraft schenkt,
damit wir einander Sterne sein können.

So segne uns Gott,
der Vater, der Sohn und der Heilige Geist.

Marie-Luise Langwald

Strahlen im Dunkel

Wenn in den dunklen Dezembertagen das milde Licht der Adventskerzen aufleuchtet – ein geheimnisvolles Licht in einem geheimnisvollen Dunkel –, dann erweckt es in uns den tröstlichen Gedanken, dass das göttliche Licht, der Heilige Geist, niemals aufgehört hat, in die Finsternis der gefallenen Welt hineinzuleuchten. Er ist seiner Schöpfung treu geblieben, ungeachtet aller Untreue der Geschöpfe. Und wenn die Finsternis sich nicht von dem himmlischen Licht durchdringen lassen wollte, so fangen sich doch darin immer auch einige empfängliche Stellen, wo es aufleuchten konnte.

Edith Stein

Jahreswende

Wieder einen Terminkalender
zu den seit Jahren gesammelten
Wieder erschrecken
über das Vorbei der Zeit
Ihr Hin-schwinden
Weg-gehen
Ver-gehen
ihr Nicht-mehr-Sein

Wieder blättern
in leeren Seiten
eines kommenden Jahres

Wieder Pläne
Hoffnungen
Schmerzende Erinnerungen

Wieder der Wunsch
Nur gute Tage möge es bringen
DAS NEUE JAHR

»Meine Zeit in Deinen Händen«

Theresia Hauser

Segenswunsch für das neue Jahr

Möge dann und wann
deine Seele aufleuchten
im Festkleid der Freude

Möge dann und wann
deine Last leicht werden
und dein Schritt
beschwingt wie im Tanz

Möge dann und wann
ein Lied aufsteigen
vom Grund deines Herzens
um das Leben zu grüßen
wie die Amsel den Morgen

Möge dann und wann
der Himmel
über deine Schwelle treten

Irischer Segenswunsch

WERKSTATT GOTTESDIENST

Auf den folgenden Seiten werden Gottesdienste oder auch einzelne Gottesdienstelemente vorgestellt, die sich nicht unmittelbar auf den thematischen Schwerpunkt beziehen. Sie können in Teilen oder vollständig übernommen und auch in einen größeren liturgischen Rahmen einbezogen werden. Aus einem »Morgenlob« lässt sich mit wenigen Änderungen ein Gottesdienst zum Tagesausklang machen, ein Meditationstext kann in einer Eucharistiefeier Verwendung finden ... Durchgängig sollen die Materialien dieses Teils dazu anregen, konkrete und anschauliche Symbole für eine ganzheitliche Liturgie fruchtbar zu machen, in der Gott »mit Herzen, Mund und Händen« angesprochen wird.

Ihr seid das Salz der Erde. Ihr seid das Licht der Welt

GOTTESDIENST BEI EINEM BESINNUNGSTAG

Material: Ein Stoffsäckchen mit Salz und ein Teelicht für jede Teilnehmerin. – Dieser Gottesdienst wurde anlässlich eines kfd-Besinnungstages zum Thema »Gerechtigkeit – Zehn Jahre Frauenleben nach der Wende« im Diözesanverband Magdeburg in Merseburg, Pfarrei St. Norbert, am 10. März 2001 gehalten. Dem Gottesdienst ist ein gemeinsames Bibelteilen zu Mt 5,13–16 vorausgegangen.

Lied

»Suchen und fragen« (kfd-Liederbuch, Nr. 9)

Einführung

Ihr seid das Salz der Erde. Zu einer Wohnungseinweihung gibt es den Brauch, Brot und Salz zu verschenken. Salz ist lebensnotwendig. Es würzt und konserviert, es reinigt und heilt Wunden. Jesus spricht seinen Jüngerinnen und Jüngern diese Wirkung zu, wenn er sie mit dem Salz dieser Erde vergleicht. Dieses Wort ist zugleich Zusage und Herausforderung. Wir können anderen wie das fehlende Salz in der Suppe sein oder anderen die Suppe versalzen. Es liegt in unserer Macht, uns einzumischen, gegen menschenverachtende Strukturen anzugehen und im persönlichen Miteinander Konflikte konstruktiv zu lösen. Wir sind mit den Jüngerinnen und Jüngern Jesu beauftragt, zu heilen, was verwundet ist.

Ihr seid das Licht der Welt. Licht hat nur dann Anziehungskraft, wenn es sichtbar ist. Unser Können und unsere Möglichkeiten gilt es zu sehen, anzuerkennen und zu fördern. Hier ist keine Selbstgefälligkeit gemeint, sondern wir sind täglich herausgefordert, die Botschaft vom Reich Gottes mutig zu verkünden – mit unseren Möglichkeiten und Grenzen, mit unserem Wollen und unserer Verweigerung, mit unseren Utopien und Befürchtungen. Wenn wir uns dies gegenseitig zugestehen, tragen wir dazu bei, dass Frieden und Gerechtigkeit für alle Menschen keine leeren Floskeln sind – zwischen Ost und West, Deutschen und Fremden, Frauen und Männern und unter Frauen.

Meditation

Das Abenteuer des Aufbruchs
fordert Zeichen der Nähe
Trennung von für ewige Zeiten fixierten
Worthülsen und Gebärden
zieht uns heraus
aus dem Gehäuse
des gemütlich Bewohnten
macht uns frei
den Schritt über fremdes Gewässer
zu wagen.

Das Abenteuer des Ausziehens
in ein anderes Land
verlangt bunte Farben
in unseren Gesten.

Unterwegs
werden wir sein
reden und leben
prüfen und verwerfen
lieben und straucheln.
In verkapselten
Heimatvorräten
werden wir uns nicht
begegnen
wir werden den
letzten Schritt
wagen

zu den Schwestern
und Brüdern
zu Dir Gottesknecht
wo sich Fremde verflüchtigt.

(Christy Orzechowski)

Evangelium

Mt 5,13–16 Vom Salz der Erde und vom Licht der Welt

Lied

»Sonne der Gerechtigkeit« (GL 644, aber: Erbarm dich, *Gott*)

Lichtertanz: Navidadau

Ausgangsposition:
Im Kreis stehen mit Front zur Mitte – rechte Hand mit Licht zur Mitte halten – linke Hand ruht auf der Schulter der linken Nachbarin – Tanzrichtung links – Einsatz mit Gesangsbeginn

Tanzschritte:
1. Links seit, rechts ran (2x)
2. Das rechte Bein beschreibt auf dem Platz eine Kreuzform, dessen Enden mit dem rechten Fuß angetippt werden, nach vorne – zur rechten Seite – nach hinten – und wieder beistellen.
3. Danach mit dem linken Bein auf dem Platz ebenfalls eine Kreuzform beschreiben, dessen Enden mit dem linken Fuß angetippt werden, nach vorne – zur linken Seite – nach hinten – und wieder beistellen.
1.–3. Fortlaufend wiederholen.

Ursprünglich handelt es sich um einen indianischen Tanz zur Verehrung Jesu, der in neueren Choreografien zu einem Lichtertanz geworden ist.

(Maria-Gabriele Wosien)

Offene Fürbitten

Jede kann in die Stille hinein ihre Fürbitte(n) sprechen.

Schlussgebet

Gott, gebe uns Kraft und Mut,
Altes neu zu entdecken,
auszugraben, was verschüttet wurde,
sichtbar zu machen, was im Dunkeln liegt.

Gott gebe uns Freude an dem Alten,
dem Ausgegrabenen, dem Sichtbargewordenen –
zeigt es uns doch, wie vielfältig und
lebendig unser Glaube, unser Leben ist und sein kann.

Gott gebe uns aber auch Lust und Kreativität
zu Neuem, zu dem ganz anderen,
zu dem kaum für möglich Gehaltenen.

So kann unser Glaube, unser Leben neu
und fruchtbar werden.
So können wir Geschichte gestalten
und weiterschreiben.

Gott begleite uns auf unserem Weg
durch die Zeiten:
– die Vergangenheit
– die Gegenwart
– die Zukunft.

Gott, du liebe Schöpferin, segne uns
gestern, heute und morgen.

Lied

»Zeige uns den Weg« (kfd-Liederbuch, Nr. 10)

Monika Altenbeck

Steine und Blumen

FRIEDENSGEBET

»Vorwort«

Als wir im vergangenen Jahr angesichts der Situation in Tschetschenien und im Kaukasus das »Friedensgebet 2« vorbereitet hatten, da war uns schmerzlich bewusst, dass es sicher auch im Jahr 2001 einen Anlass für ein Friedensgebet geben würde. Wenn wir jetzt die Nachrichten hören oder sehen, dann wissen wir: Es gibt ihn. Die andauernden Unruhen in Israel und Palästina fordern uns heraus. Wie beim Krieg auf dem Balkan und bei den Auseinandersetzungen in Tschetschenien, so spüren wir auch jetzt eine große Hilflosigkeit – bei den in der Politik und bei den Friedensverhandlungen Verantwortlichen und auch bei uns.

Wir knüpfen mit diesem Friedensgebet an unsere Begegnung mit dem Rollstein aus Palästina an, der uns im vergangenen Jahr besucht hat und dem viele Frauen begegnet sind. »Wer wird den Stein wegrollen?« – Wir haben erfahren, dass das gemeinsame Gebet Steine verändert, uns verändert, Hoffnung schenkt.

Wir knüpfen mit diesem Friedensgebet auch an an unsere Begegnung mit dem Projekt: »Women Advocating for Peace«, das Sumaya Farhat-Naser mit Israelinnen und Palästinenserinnen begonnen hat. Gerne erinnern wir an dieses Projekt und geben Ihnen die Konto-Nummer des Projektes an, falls Sie bei dem Friedensgebet eine Kollekte halten werden: Deutscher Verein vom Heiligen Lande. Spende für das Projekt »Women Advocating for Peace«: Konto-Nummer 21 990 019 bei der PAX-Bank Köln, BLZ 370 601 93.

»Herausforderung Gerechtigkeit: Hinschauen und handeln«: Möge unsere kleine Tradition des kfd-Friedensgebetes im Bistum Essen eine Hilfe sein, dass unser Beten und unser Handeln nicht erlahmen.

Lied

»Ihr Mächtigen, ich will nicht singen« (kfd-Liederbuch, Nr. 26)

Eröffnung

Kaum ein Tag vergeht, an dem die Nachrichten uns nicht von Auseinandersetzungen und Unruhen in Israel und Palästina berichten.
Wir hören von Gesprächen und leiden an deren Scheitern.
Wir hören von Gewalt und spüren unsere Ratlosigkeit.
Mit unserer Hilflosigkeit kommen wir zusammen, um für den Frieden im Heiligen Land zu beten.
Wir haben uns versammelt im Namen des Vaters, des Sohnes und des Heiligen Geistes.
Amen.

Einführung

Hören wir einen Text von Sumaya Farhat-Naser, einer Frau, die in Palästina geboren wurde und deren Anliegen es ist, im Rahmen des »Jerusalem Link« die Begegnung und Verständigung zwischen Israelinnen und Palästinenserinnen, d. h. christlichen, jüdischen und muslimischen Frauen zu fördern:

»Mit den Steinen leben wir. Fels und Steine prägen die kargen Hügel; aus dem Stein quillt das Wasser, das Land und Leute belebt. In Häusern aus Stein leben wir. Die Kinder spielen mit Steinen. Wir stolpern über sie auf unseren Wegen, schlagen uns die Zehen wund – diese Schmerzen kennen alle. Mit den Händen räumen wir die Steine aus den Feldern, schichten sie am Feldrand zu Mauern. Sie dienen aber auch als Barrikaden und zur Verteidigung wie zum Angriff. Sie symbolisieren Umbarmherzigkeit und verweisen auf Hindernisse. Sie verbinden das Leben mit dem Tod. Sie werden gefürchtet und geliebt.«

(Sumaya Farhat-Naser)

Steine

»Mit den Steinen leben wir«, sagt Sumaya Farhat-Naser. Steine werden zum Bild für die Situation im Heiligen Land, für die fast unlösbar erscheinenden Probleme in Israel und Palästina:

(Wir benennen solche »Steine«. Um sie »sichtbar« zu machen, wird nach jeder Aussage ein dicker Stein vor dem Altar zu einem Steinhaufen aufgeschichtet.)

- Seit der gewaltsamen Zerstreuung in die Diaspora sehnen sich Juden zurück in das gelobte Land ihrer Väter und Mütter.
- Palästinenser leben seit Jahrhunderten im Heiligen Land. Es ist ihr Heimatland, sie lieben und bebauen es.
- Immer wieder und besonders im 20. Jahrhundert sind Juden Opfer von Hass, Pogromen und organisierter Massenvernichtung. In Palästina bauen sie sich eine neue Heimat auf. Sie lieben und bebauen das Land.
- Seitdem kämpfen Israelis und Palästinenser in einer unendlichen Kette von Krieg, Vertreibung, Menschenrechtsverletzungen, Unterdrückung und blutigen Auseinandersetzungen um dieses Land.
- Israelis und Palästinenser leben in verschiedenen Welten, die durch unterschiedliche Erfahrungen und eine leidvolle Vergangenheit geprägt sind.
- Sie haben kaum Möglichkeiten, sich zu begegnen und sich kennen zu lernen, sie wissen fast nichts voneinander.
- Die Fanatisierung von Israelis und Palästinensern führt zu immer neuen Gewalttaten.
- Die Gewalttaten wecken auf beiden Seiten alte Ängste und Vorurteile.
- Der Friedensvertrag von Oslo hat Hoffnungen geweckt, doch nun sind die Verhandlungen wieder ins Stocken gekommen.

- Es gibt zu viele Streitpunkte und ungelöste Probleme: die Frage nach dem Status von Jerusalem, die Frage der Siedler und Siedlungen, die Rückkehr der vertriebenen Palästinenser in ihre Heimat, die zukünftige Staatlichkeit der Palästinenser, gewaltige wirtschaftliche Probleme, darunter die lebenswichtige Wasserfrage.
- Wieder fliegen Steine, morden Selbstmordkommandos, wieder schießen israelische Soldaten auf Zivilisten, wieder werden Straßensperren errichtet und Zufahrtsstraßen geschlossen.
- Junge Palästinenser und Palästinenserinnen sind ohne Schulen, ohne Hoffnung, ohne Arbeit; sie fühlen sich als Menschen zweiter Klasse.
- Im Friedensprozess geht es um die schmerzhafte Notwendigkeit, die beiden Seiten zustehenden Rechte anzuerkennen.
- Nach den jüngsten Wahlen in Israel zweifeln immer mehr Menschen an der Möglichkeit einer friedlichen, gewaltfreien Lösung durch Verhandlungen und Verträge.
- Die Weltöffentlichkeit bemüht sich hilflos um Vermittlung oder ergreift einseitig Partei für die eine oder andere Seite.
- …

Steine einer jahrhunderte alten Geschichte
Steine des Anstoßes und des Hasses
Steine der Ratlosigkeit und der Verzweiflung
Steine des Aufstandes und der Angst
Steine der Feindschaft und des Misstrauens
Wir haben sie vor dem Altar zusammengetragen und aufgehäuft.
Und wir flehen Gott an um sein Erbarmen.

Lied

»Kyrie eleison« (kfd-Liederbuch, Nr. 110)

Lesung

Klagelieder 3,17.21–26.47–57 Du hast mich aus dem Frieden hinausgestoßen

Stille

Bitten

(Jede Fürbitte wird mit der Zusage von Gottes Gegenwart beantwortet. Bitte und Zusage sollten von zwei verschiedenen Frauen gesprochen werden. Als sichtbares Zeichen der Zusage wird jeweils eine Blume – oder ein kleiner Blumentopf – in oder an die aufgehäuften Steine gestellt.)

Mit unserer Hilflosigkeit und mit unserer Sehnsucht nach Frieden kommen wir zu Gott:

- Wir beten für alle Menschen, die sich in politischen Verhandlungen um Frieden bemühen.
  Zusage: Seid gewiss: Ich bin bei euch alle Tage bis zum Ende der Welt (Mt 28,20b).
- Wir beten für alle Menschen, die sich in ihrer Nachbarschaft um Frieden bemühen.
- Wir beten für alle Menschen, die im Kleinen Versöhnung leben.
- Wir beten für alle Menschen, die sich um Auswege bemühen.
- Wir beten für alle Menschen, die andere kennen lernen wollen.
- Wir beten für alle Menschen, die bereit sind, auf legitime Ansprüche zu verzichten.
- Wir beten für alle Menschen, die sich um Vertrauen und Respekt bemühen.
- Wir beten für alle Menschen, die Thymian und Blumen pflanzen.

– Wir beten für alle, die sich um die Wunden anderer kümmern.

– Wir beten um den Frieden im Heiligen Land.

Lied

»Shalom für Dorf und Stadt« (kfd-Liederbuch, Nr. 76)

Kerzen, Rosen und Brot

Ich hatte einen Traum.
Der Oberrabbiner, der Großmufti und der Patriarch von Jerusalem
trafen sich auf dem Zion,
entzündeten einander je eine Fackel
und machten sich auf den Weg.

An der Westmauer des Tempels
warteten einhundertvierundvierzigtausend Juden
mit drei Kerzen in den Händen.
Sie entzündeten je eine
und machten sich auf den Weg.

An der Auferstehungskirche
warteten einhundertvierundvierzigtausend Christen
mit drei Rosen in den Händen.
Sie übernahmen je eine Kerze
und verschenkten eine Rose
und machten sich auf den Weg.

Vor dem Felsendom
warteten einhundertvierundvierzigtausend Muslime
mit drei Broten in den Händen.
Sie erhielten je eine Kerze und eine Rose
und verschenkten je zwei Brote.

Und als die Sonne untergegangen war,
aßen sie miteinander das Brot

im Schein ihrer Kerzen
und freuten sich gemeinsam an ihren Rosen.

Und als die Sonne wieder aufging,
da erkannten sie miteinander,
dass die Kerzen nicht verbrannten,
dass die Rosen nicht verblühten und
dass das Brot nicht zu Ende ging.

(Immanuel Jacobs)

Stille

Vaterunser

Auch Jesus hat den Traum vom Frieden geträumt. Im Heiligen Land, das so umkämpft ist, hat er die Botschaft von der Gerechtigkeit verkündet.
Ein Ausdruck seines Traumes ist das Gebet, das er uns geschenkt hat, das »Vaterunser«.
Wir wollen dieses Gebet miteinander und füreinander beten.
Vater unser …

Gebet

Gott, es ist dein Wille, dass Menschen miteinander in Frieden leben.
Zu allen Zeiten und an vielen Orten ist dieser Friede gefährdet,
haben Unruhen und Kriege das Denken und Handeln der Menschen bestimmt.
Besonders in deinem Land,
in dem Land, in dem dein Sohn Mensch geworden ist,
sind Menschen auch heute durch Bomben und Waffen und Steine gefährdet.
In dieser Stunde haben wir miteinander für den Frieden gebetet.
Halte unsere Hoffnung wach, dass Frieden werden kann –
im Heiligen Land und in unserem eigenen Herzen.

Segen und Sendung

Jetzt bitten wir dich um deinen Segen:
Segne uns, Gott des Friedens,
der die Sehnsucht nach dem Frieden
in das Herz des Menschen gepflanzt hat.
Segne uns, Jesus Christus,
der die Sehnsucht nach Frieden im eigenen Herzen getragen hat
und der uns seinen Frieden zugesagt hat.
Segne uns, Heiliger Geist,
Kraft, die zueinander führt
und Frieden schafft.
Segne uns, Gott,
Vater, Sohn und Heiliger Geist. Amen.

Lied »Und richte unsere Füße« (kfd-Liederbuch, Nr. 77)

Schneller, als wir oft wollen,
vergessen wir unser Vorhaben,
für den Frieden zu beten.
Manchmal hilft dann ein Zeichen der Erinnerung.
So laden wir Sie ein,
eine Blume oder einen Stein von hier mitzunehmen
als bleibendes Zeichen,
als Zeichen der Selbstverpflichtung,
weiter für den Frieden zu beten.

Irmentraud Kobusch und Marie-Luise Langwald

Kind werden

Mensch werden heißt Kind werden.
Seit Adam und Eva gibt es keine Ausnahme davon.
Der Weg zum Menschsein führt über das Kind.
Es ist Gottes eigener Weg.
Gottes Sohn ist Mensch geworden,
indem er Kind wurde.
Wir gehören zu ihm,
wenn wir seine Freunde aufnehmen, die Kinder,
und wenn wir wie Kinder ihn selbst aufnehmen.

Nur wer Kind wird, geht in Gottes Reich.
Einfach werden, lauter sein, mitleiden können,
sich freuen können.
Sich beschenken lassen und weiterschenken.

Das Kind –
Heilkraft gegen Resignation und Berechnung,
gegen Egoismus und Sinnleere.
Das Kind, das uns um sein Leben
und um seinen Lebensraum bittet.
Das Kind in der Krippe,
das uns einlädt, mit ihm Mensch zu sein
und von ihm göttliches Leben zu empfangen.

Klaus Hemmerle

LIEDER

Christus, dein Licht

T: aus Taizé
M: Jacques Berthier

In der Dunkelheit leuchtet uns auf

KANON

T u. M: unbekannt

Wait for the Lord

T: aus Taizé
M: Jacques Berthier

Jesus Christ, du bist das Licht

KANON FÜR 2 STIMMEN

T u. Kanon (nach »O Jesu Christe, wahres Licht«): Siegfried Macht

Aus: Kleine Leute – große Töne, Verlag Junge Gemeinde, Leinfelden-Echterdingen 1997

Licht der Welt

T u. M: Siegfried Macht

Aus: Macht, Siegfried. Gottes Geist bewegt die Erde. Bonifatius, Paderborn 1994, © beim Autor
Auf: gleichnamiger CD zum Buch

Himmelswort Gotteszelt

AUCH IM KANON ODER
ALS QUODLIBET FÜR 4 STIMMEN

T u. M: Siegfried Macht

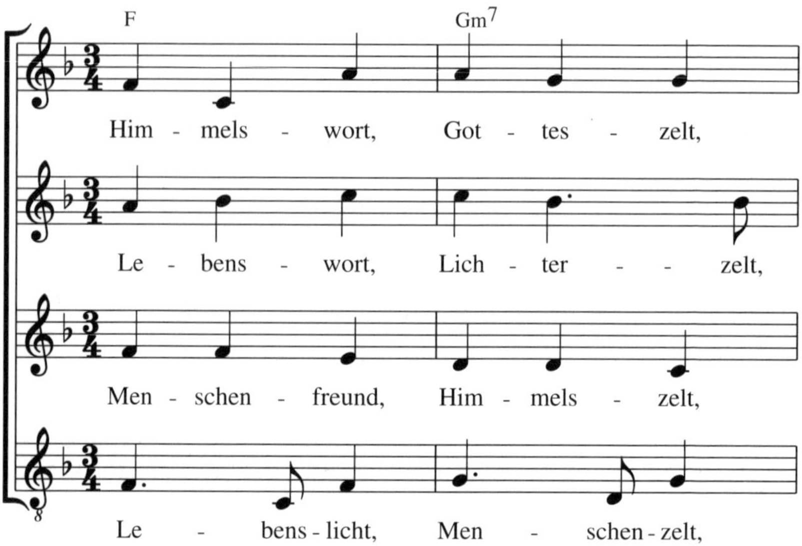

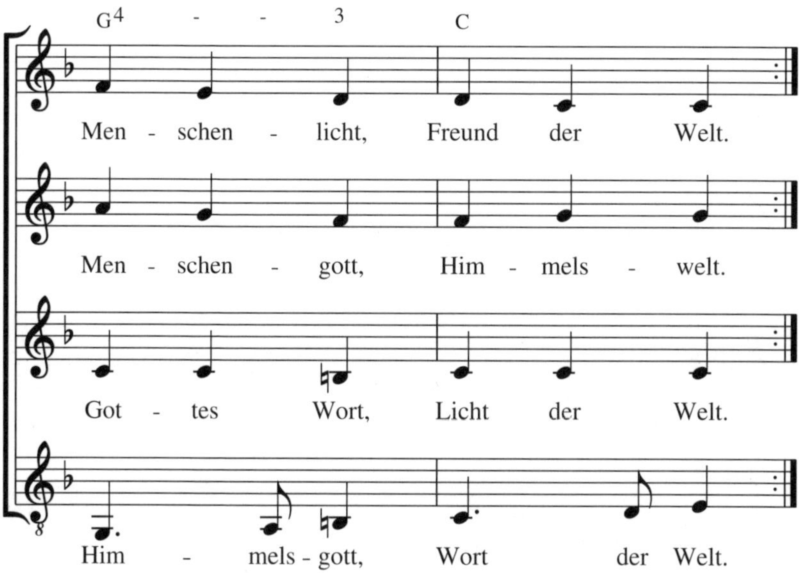

Der Liedtext spielt mit immer wieder neuen Verbindungen der zentralen Worte des Prologes aus dem Johannesevangelium: Das in diesem Kontext evtl. ungewohnte »Zelt« folgt der Übersetzung von Joh 1,14 im Sinne von »und zeltete unter uns«.

Aus: Haus aus lebendigen Steinen, Strube Verlag, München 1999

Herr, nun lässt du deinen Diener in Frieden fahren

T: Lk 2, 29-32 M: Siegried Macht
(Nach EG Hessen/Nassau 786.10)

A **Kanon für 2 Stimmen** (𝅗𝅥 = 72)

B **Ein Licht, zu erleuchten** (♩ = 106)

A Die Fassung als zweistimmiger Kanon erinnert an die im Evangelium des Lukas dem Lobgesang des Simeon unmittelbar folgende zweite Lobpreisung durch die Prophetin Hanna, deren Wortlaut nicht weiter übermittelt wird und die daher wie ein kanonisch versetztes und somit steigerndes Wiederholen wirkt.

B Der B-Teil in seiner vorwärts drängenden Einstimmigkeit will mehrfach wiederholt werden und zunehmend mehr Zuhörer(innen) zum Mitsingen anstiften: Aus dem Publikum soll Gemeinde werden, denn Christus, das Licht Gottes, will alle Welt erleuchten und in den Lobgesang einstimmen lassen.

Aus: Haus aus lebendigen Steinen, Strube Verlag, München 1999

Engel fliegen auf Betlehem zu

KANON FÜR 4–6 STIMMEN

T u. M: Siegfried Macht

Aus: Noch lange nicht ausgedient, Strube Verlag, München 1997

STICHWORT LITURGIE

In diesem Abschnitt des Buches stehen Beiträge, die dem tieferen Verstehen liturgischer Feiern dienen. Viele Mitarbeiterinnen in einem Liturgiekreis, vor allem, wenn sie die Aufgabe neu übernommen haben, fragen nach den Zeichen, nach dem Aufbau und den Elementen eines Gottesdienstes oder sie wollen wissen, warum es beispielsweise ein Predigtverbot für Laien gibt.

Informationen, Erklärungen und Anregungen enthält dieser Teil des Buches durchgängig.

Weihnachten oder Christi Geburt feiern?

WIDERSPRÜCHE UND CHANCEN DER WEIHNACHTSZEIT

Keine andere Zeit des Jahres ist so dicht von Brauchtum erfüllt wie Advent und Weihnachten – bei kirchennahen Menschen ebenso wie bei jenen, die zu Gottesdienst und Kirche kaum (mehr) eine Beziehung haben oder gar nie hatten. Dabei sind Spannungen und Widersprüche bei näherem Betrachten unübersehbar. Weihnachten ist das zweithöchste christliche Fest und wohl das höchste der bürgerlichen Gesellschaft. Anlass und Inhalt ist die Geburt des Gottessohnes Jesus Christus aus Maria – im Empfinden breiter Bevölkerungsschichten aber stehen Familie und Frieden im Mittelpunkt. Die Zeit der Vorbereitung, der Advent – das Wort heißt »Ankunft« und meint die Ankunft des Erlösers in der Welt – ist längst zur Vorweihnachtszeit geworden, ja, im Bewusstsein vieler zur Weihnachtszeit selbst, sodass für sie die Weihnachtszeit mit dem Ausschlafen am Zweiten Weihnachtstag vorbei ist. Die Stimmung ist geprägt durch Kerzenlicht, Gerüche, Düfte, durch eine bestimmte Art von Musik, innerhalb deren die alten Weihnachtslieder, wenn auch vielleicht poppig aufgemotzt, nach wie vor die Hauptrolle spielen – auch für Menschen, die ihre Botschaft nicht mehr glauben oder gar nicht mehr zur Kenntnis nehmen. Weihnachtsbeleuchtungen verschiedenster Art verstrahlen zum Teil durch ihre Vielzahl und Helligkeit die Atmosphäre, der sie dienen sollten. Kirchenleute klagen nicht selten im Advent über das hektische geschäftliche Treiben, das die Wochen spätestens nach Allerheiligen bestimmt, stellen aber auch mit Freude fest, dass in den Gottesdiensten des Advents mehr Menschen da sind als sonst, ja dass eigene Angebote wie Frühschichten oder Rorate-Messen großen Zuspruch finden. Und in der Weihnachtsmette hat der Pfarrer ein ungewohnt volles Haus – und vielleicht auch einen Kater, weil er weiß, dass ihm nicht wenige dieser »Kunden« erst in einem Jahr oder höchstens noch gelegentlich bei einer Beerdigung vor die Augen kommen werden. Weihnachtsmänner wissen nichts mehr von dem heiligen Bischof Nikolaus, der sie einmal waren, sondern vereinigen jenen heiligen Mann und seine früheren, vorchristlichem Brauch entstammenden polternden und Furcht erregenden Begleiter in einer Person oder klettern als Papp- und Plastikfiguren über Balkone und Dächer. Und St. Martin, der noch nie eine Adventsgestalt war, gehört für manche längst auch zum Weihnachtszauber, wenn auch eher als Anlass für ein Reiter- und Brezelfest denn als Gedächtnis eines Heiligen. Mit einem Wort: Advent und Weihnachten sind – obwohl scheinbar alles klar und einfach ist – sehr unübersichtlich geworden.

Ein Blick in die Geschichte

Um bei all dem Durcheinander selbst nicht den Boden unter den Füßen zu verlieren, sind ein paar Klärungen hilfreich. Ein Blick in die Geschichte zeigt: Mit dem Fest der Geburt ihres Herrn stemmen sich die Christen im 4. Jahrhundert gegen das heidnische Staatsfest der Geburt des unbesiegten Sonnengottes, der nach kaiserlichem Wunsch als Herr des Götterhimmels auch die Einheit des irdischen römischen Riesenreiches garantieren sollte. Diesem Sonnengott, dessen unbesiegbare Macht sich bei der Wintersonnenwende zeigte, setzten die Christen ihre »Sonne der Gerechtigkeit« (Mal 3,20), ihr »Licht der Welt« (Joh 8,12) entgegen. Nicht die Geburt des Christus als Menschenkind ist der ursprüngliche Festinhalt, sondern seine Gottesherrlichkeit, die uns in seiner Gestalt aufgestrahlt ist. Zur schnellen Verbreitung des Festes trug auch bei, dass es gleichsam auch ein Protest gegen christliche Irrlehrer war, die die Gottheit Jesu leugneten. Ähnlich wie in Rom Weihnachten, entstand in der Ostkirche das Fest »Epiphanie – Erscheinung des Herrn« im Zusammenhang mit einem heidnischen Fest, in diesem Fall dem Geburtstag des Gottes Äon, das ist der Gott der Zeit und Ewigkeit, in der Nacht vom 5. zum 6. Januar. Bei der Übernahme dieses Festes durch die Westkirche erfolgt eine Akzentuierung: Mit dem Fest Erscheinung des Herrn verbindet sich der Gedanke seines Offenbarwerdens vor den Heiden, die durch die Magier dargestellt sind, und im Umfeld des Festes sind die Schriftlesungen von der Taufe des Herrn und der Hochzeit zu Kana wichtig, in denen die Göttlichkeit Jesu und seine Wundermacht aufleuchten. Um beide Feste bildet sich ein ganzer Weihnachtsfestkreis: Analog zur Zeit der Vorbereitung auf Ostern entsteht der Advent als Vorbereitungszeit auf Weihnachten, und weil auch das Fest der Darstellung des Herrn mit der Geburt noch im Zusammenhang steht, bleibt die Zeit bis dahin davon geprägt.

Entwicklung einer starken Volksfrömmigkeit

Das zutiefst menschliche Geschehen der Geburt bringt eine starke Volksfrömmigkeit hervor. Weil der Papst den nächtlichen Weihnachtsgottesdienst in der Basilika S. Maria Maggiore feierte, wo (unechte) Reliquien der Krippe Jesu aufbewahrt werden, stellte man anderswo zur Weihnachtsmesse eine Krippe neben dem Altar auf. Aus diesem Brauch und aus Weihnachtsspielen entstand die Weihnachtskrippe, die Anfang der Neuzeit reich ausgestaltet wird und nach und nach, vor allem in Gebirgsgegenden, auch als Hauskrippe beliebt wird. Das Fest Erscheinung des Herrn entwickelt sich im Mittelalter zum »Dreikönigsfest«, von der Jordantaufe kommt das »Dreikönigswasser« her. Die neuen Bräuche vermischen sich auch mit vorchristlichem Brauchtum im Zusammenhang mit der Wintersonnenwende: Raunächte, Neujahrsanschießen, Lärm und (Weih-)Rauch zum Vertreiben böser Geister, das Anbringen von Buchstaben am Türsturz zu deren Abwehr. Seit dem 19. Jahrhundert überholt im Familienbrauchtum der Weihnachtsbaum die Krippe und findet auch Eingang in die Kirchen, wobei seine Symbolik als »Christbaum«, der an den Baum in der Mitte des Paradieses erinnert und ein Vorbild des Kreuzes Christi ist, mehr und mehr verloren geht zugunsten eines naturfrommen Lichterbaumes. Ähnlich schillert die Bedeutung des Adventskranzes, der immergrün und als geschlossener Kreis an ewiges Leben und Wiederkehr erinnert und dessen Kerzen die Zeit strukturieren, der aber auch ohne jeden religiösen Bezug Schaufenster, Tische und Wohnungen schmückt. Wie tief die menschliche Seite des weihnachtlichen Geschehens sich im Volksbrauch verwurzelt hat, zeigt sich auch in einem eher nebensächlichen Detail: Gemäß Lk 2,22 wird 40 Tage nach Weihnachten das Fest »Darstellung des Herrn« (im Tempel) gefeiert, in der das Ende der Geburtsgeschichte gesehen werden kann. Im Zusammenhang mit der Darstellung des Kindes im Tempel wurde auch die kultische Reinheit der Mutter Maria wieder hergestellt. Deshalb hieß das Fest lange Zeit »Mariä Reinigung« oder, wegen der an diesem Tag üblichen Kerzensegnung, »Mariä Lichtmess« und war ein beliebtes Marienfest, mit dem der Weihnachtsfestkreis abschloss.

Änderungen durch die Liturgiereform

Entsprechend dem Grundanliegen der Liturgiereform nach dem Zweiten Vatikanischen Konzil, das »Kirchenjahr« wieder mehr zum »Herrenjahr«, also zum Christus-Jahr zu machen, heißt seither dieses Fest »Darstellung des Herrn« und wird die Weihnachtszeit mit dem Fest der Taufe Jesu am Sonntag nach Erscheinung des Herrn beendet. Der Rolle Marias in diesem Geschehen aber wird seither in der engeren Weihnachtszeit nicht nur am Fest der Heiligen Familie am Sonntag nach Weihnachten gedacht, sondern ihr wurde ein eigenes Hochfest am 1. Januar gewidmet. Dennoch hat sich die Volksfrömmigkeit in den drei seither vergangenen Jahrzehnten nicht mit dem »Verlust« abgefunden. Nicht wenige Gemeinden lassen die Krippe oder sogar die Weihnachtsbäume bis zu diesem Tag in der Kirche stehen, und als Name des Tages hat sich »(Mariä) Lichtmess« bis heute gehalten. Wer die eingangs geschilderten Entwicklungen im Blick hat, ist vielleicht über diese volksfromme Beharrlichkeit gegenüber einer mehr vom Verstand geleiteten Reform nicht einmal unglücklich: Wenn der ganze Rummel vorbei ist, bleibt noch Zeit, angesichts der Krippe das eigentliche Geheimnis von Weihnachten zu betrachten.

Der Advent, der die »Ankunft« Christi im Fleisch ebenso im Blick hat wie die am Ende der Weltzeit, hat als Zeit der Vorbereitung ähnlich wie die Zeit vor Ostern einen gewissen Bußcharakter, aber es ist eine Zeit freudiger Erwartung. Darum entfällt zwar das Gloria, damit es in der Weihnachtsmette als Gesang der Engel ganz neu gehört wird, nicht aber das Halleluja. Die Schriftlesungen des Advents sind von großer Eindringlichkeit: In den Gestalten Maria, Johannes der Täufer und Jesaja kommen das Schicksal der Menschheit als ganzer und der Einzelnen sowie ihre Hoffnungen und Sehnsüchte zum Ausdruck: Im heiligen Nikolaus begegnet uns ein Mensch, der das Weiterwirken des Heilsgeschehens nach Christus verkörpert. An ihm wird sichtbar: Durch seine Zeugen kommt der Erlöser Christus weiterhin zu den Menschen, die in dieser Zeit aus ihrer Not um Hilfe rufen.

Das Kirchenjahr: Welt- und Menschenzeit

So deutet sich schon in den Wochen des Advents der große Bogen an, den das Kirchenjahr als Ganzes schlägt und in dem es Welt- und Menschenzeit umfängt: vom Kommen Gottes in die Welt, angedeutet in den Propheten, Fleisch geworden aus Maria, immer deutlicher offenbar geworden im Leben und Wirken Jesu bis hin zu Leiden, Tod und Auferstehung, gegenwärtig bleibend in dem an Pfingsten ausgegossenen Heiligen Geist, bis der Christus schließlich wiederkommt – dargestellt im Hochfest Christkönig am letzten Sonntag, bevor der Kreis des Gedenkens mit dem ersten Sonntag des Advents von neuem beginnt. So wird der Kreislauf der Natur zum Symbol jenes Weges, den Gott mit der Welt und jedem einzelnen Menschen geht.

Wenn heute gefragt wird, in welche Richtung das Bemühen um Weihnachten gehen kann und soll, bietet die Geschichte zahlreiche Anhaltspunkte:

- Weihnachten war von Anfang an ein christlicher Protest gegen Feiern, die der Verherrlichung irdischer Macht und ihrem Erhalt dienen sollten. Solche Macht hat heute der die Menschen knechtende Kommerz. Christlich Weihnachten feiern heißt, hier einen gegensätzlichen Akzent zu setzen.

- Weihnachten rührt an das Geheimnis des Menschen überhaupt und spricht seine tiefsten Sehnsüchte und Hoffnungen an. Advent und Weihnachten bieten die Chance, diese zur Sprache zu bringen.
- Dazu bieten die überkommenen Bräuche zahlreiche Anknüpfungspunkte. Sie entfalten ihre volle Kraft, wenn sie eingesetzt werden als Ausdruck und Zeichen der Liebe Gottes zu den Menschen.
- Die adventlichen und weihnachtlichen Gestalten der Heiligen Schrift tragen starke Botschaften in sich. Die Hirten von Betlehem und die Magier aus fernen Ländern bezeugen nicht nur die Geburt eines Kindes, sondern den Einbruch Gottes in die Welt in menschlicher Gestalt, durch die seither jedes Kind Schwester oder Bruder des Gottessohnes und damit selbst Gottes Kind ist.
- Es verlangt oft – selbst unter gläubigen Christen – Mut, die genannten Dinge anzusprechen. Die grundsätzliche emotionale Offenheit der meisten Menschen in diesen Tagen und die konkreten Anlässe in der Vorbereitung von Feiern in der Familie oder in der Gemeinde bieten wie selten etwas anderes Gelegenheiten und Anstöße zu Gesprächen über das, was dahinter steht. Wer den Mut aufbringt, wird oft überrascht sein, wie dankbar andere darauf eingehen.

Eduard Nagel

Eduard Nagel, Dr. theol., Jahrgang 1942, verheiratet, zwei erwachsene Töchter, seit 1978 Referent für liturgische Sachfragen im Deutschen Liturgischen Institut und seit 1984 Hauptschriftleiter der Zeitschrift »Gottesdienst«, Autor zahlreicher pastoralliturgischer Veröffentlichungen des Deutschen Liturgischen Instituts (z. B. »Mit der Not der Welt vor Gott«, »Eltern und Kinder im Sonntagsgottesdienst«, »Der Sachausschuss Liturgie und seine Aufgaben«, »Mehr als Brot und Wein – Der Kommunionteil der Messfeier«, »Gottes Wort feiern – Der Wortgottesdienst der Messfeier«).

Unbeirrt

sich auf den Weg machen
und seinem Stern folgen

mit versöhntem Herzen
heiter und gelassen

auch wenn der Stern verblasst
und Wegbegleiter ausbleiben

unbeirrt seinen Weg gehen
und seinem Stern folgen

dabei auf die Spuren dessen achten
der uns vor 2000 Jahren angeboten hat
den Weg vorauszugehen

KURZ VORGESTELLT

Mit der Rubrik »Kurz vorgestellt« möchten wir hinweisen auf Bücher und gegebenenfalls andere Materialien, die Anregungen geben für liturgische Gestaltung, oder Themen aufarbeiten, die dem Bereich »Grundsätzliches« zuzuordnen sind.

Und Christus tanzt auf der Schlangenhaut

Siegfried Macht, Und Christus tanzt auf der Schlangenhaut. Liedtänze für Liturgie und Unterricht, Schwabenverlag Ostfildern 2001, 188 S., DM 29,80.
CD-Einspielung: 21 Lieder aus dem gleichnamigen Buch, DM 29,80.

Für viele Ausgaben der Reihe »FrauenGottesDienste« hat Dr. Siegfried Macht zu den verschiedensten Themen Lieder und Tänze zur Verfügung gestellt. Er versteht es, den betenden Menschen in seiner Ganzheitlichkeit anzusprechen.

So nimmt man dieses neue Werkbuch voll Spannung in die Hand, um Anregungen für die Liturgie von Wortgottesfeiern mit einer Gruppe oder in der Gemeinde zu bekommen. Und man bekommt sie. Wer mit dem Buch arbeitet, findet 46 Lieder und Kanons zu den zentralen Stationen von Gottesdienst und Kirchenjahr, zu biblischen und weiteren relevanten Themen. Ausführliche Einführungen in die Symbolik der Schritte und Raumwege und Erklärungen zum jeweiligen Lied- bzw. Bibeltext erfolgen.

Meditative, aber auch leichte Mitmachtänze laden zur betenden Bewegung ein. Die CD zum Buch erleichtert die Arbeit.

Zugrunde liegt der Arbeit des Theologen und Kirchenmusikers Siegfried Macht die Tiefe des bekannten Weisheitstextes: »Ein jegliches hat seine Zeit ... Klagen hat seine Zeit, Tanzen hat seine Zeit« (Koh 3,4). Schließlich fasst der folgende Kanon das zusammen, wozu dieses Werkbuch dienen kann: »Doppelt betet wer singt; dreifach der dazu springt. Weise, Wort und Weg in Gottes Hand ich leg« (S. 85).

Anneliese Knippenkötter

Siegfried Macht steht als Referent für Theorie und Praxis des Liedtanzes in Gruppen und Gemeinden gern zur Verfügung:
Siegfried Macht, Päd.-Theol. Zentrum, Grüninger Straße 25, 70599 Stuttgart, Tel.: 07 11/45 804-25

VERWENDETE SCHRIFTSTELLEN

Jes 60,1–6	*32*
Klgl 3,17.21–26.47–57	*56*
Mal 3,1–4	*38*
Mt 2,1–12	*32*
Mt 5,13–16	*52*
Lk 2,22–40	*38, 43*
2 Petr 1,18–19	*12*

TEXTNACHWEIS

(Bei einigen Texten konnten wir keine Quellen bzw. Rechtsinhaber ausfindig machen. Für Hinweise sind Herausgeberinnen und Verlag dankbar.)

S. 14/15: Ursula Klauke/Norbert Brockmann, aus: Ursula Klauke/Norbert Brockmann, Angedacht I., © Matthias-Grünewald-Verlag, Mainz 1997, S. 18
S. 15/16: Anton Rotzetter, aus: Anton Rotzetter, Gott, der mich atmen läßt. Verlag Herder, Freiburg 16. Auflage 2001
S. 20-24: Silja Walter, Die Adventsfrauen, © by the author. Erstdruck in: Silja Walter, Gesammelte Spiele, © 1955 und 1963 by Peter Schifferli, Verlag Die Arche AG, Zürich
S. 32/33: Michael H. F. Brock, © by the author
S. 33/34: Eleonore Beck, aus: Messbuch 2000, © Verlag Butzon & Bercker 1999
S. 34/35: Christine Busta, aus: Christine Busta, Salzgärten, © Otto Müller Verlag, Salzburg 1978, 2. Auflage
S. 36/37: Eleonore Beck: aus: Messbuch 1998, © Verlag Butzon & Bercker 1997

S. 48: Edith Stein, aus: Gesamtausgabe Edith Stein, Verlag Herder, Freiburg
S. 49: Theresia Hauser, aus: Theresia Hauser, Von Dir berührt. Gebete und Gedanken, © Schwabenverlag AG, Ostfildern 1999
S. 53/54: Christy Orzechowski, aus: Christy Orzechowski, Unausweichliche Nähe – Tagebuch zwischen zwei Welten, Verlag Herder, Freiburg 1992
S. 54: Maria-Gabriele Wosien, aus: Maria-Gabriele Wosien, Tanz als Gebet. Feiert Gottes Namen im Reigen, St. Pölten, Linz, Landesverlag 1995 (Buch und 2 CDs)
S. 57: Sumaya Farhat-Naser, aus: Sumaya Farhat-Naser, Thymian und Steine, Lenos Verlag, Basel 2000
S. 61/62: Immanuel Jacobs, aus: Immanuel Jacobs, Land der Hoffnung, © Vier-Türme-Verlag, Münsterschwarzach
S. 64: Klaus Hemmerle, aus: Klaus Hemmerle, Und das Wort ist Kind geworden. Gedanken zur Weihnacht, © Verlag Neue Stadt, München 1991

Nutzen Sie die Vorteile des Abonnements.
Bestellen Sie jetzt.

- Günstiger Abonnementpreis
  DM 13,–/öS 95,–/sfr 13.50 pro Band
  (statt DM 14,50/öS 106,–/sfr 14.80 bei Einzelbezug)
  ab 1. 1. 2002 € 7,– [D] (statt € 7,80 [D] bei Einzelbezug)
- Sie können mit Vorschlägen dieses Periodikum mitgestalten. Ihre Anregungen sind den Herausgeberinnen willkommen.

FrauenGottesDienste
Das Periodikum für Sie.

Bestellschein

Bitte diesen Bestellschein ausschneiden, ausfüllen, in Couvert stecken und an Ihre Buchhandlung oder Ihren Verlag absenden.

Schwabenverlag AG
Senefelderstraße 12 · 73760 Ostfildern

KlensVerlag GmbH
Prinz-Georg-Straße 44 · 40477 Düsseldorf